Cuidando Fortunas

Logan Evans

Logan Evans

Página de Derechos de Autor

Primera edición
Todos los Derechos Están Reservados
Autor: © 2024, Logan Evans

Indice

El Verdadero Significado de la Riqueza

El verdadero significado de la riqueza no siempre está en la cantidad de ceros que tienes en tu cuenta bancaria ni en las propiedades que posees. Aunque el dinero puede comprarte muchas cosas, no necesariamente te asegura la tranquilidad, la felicidad o el propósito de vida. Ser rico implica mucho más que acumular bienes; es entender cómo esos bienes impactan tu vida y la de los demás. Si no se comprende esto, la riqueza puede convertirse en una carga más que en una bendición.

Cuando llegas al punto de ser millonario, te das cuenta de que tener dinero es solo una herramienta. Es un medio para lograr objetivos, no el objetivo en sí mismo. Si alguna vez pensaste que alcanzar cierta cantidad de dinero resolvería todos tus problemas, es posible que hayas experimentado una realidad diferente. El dinero puede eliminar preocupaciones materiales, como pagar deudas o cubrir necesidades básicas, pero no siempre resuelve los problemas internos, como el estrés, la soledad o la falta de propósito. Es más, en ocasiones, puede agravar estos problemas si no tienes claro lo que verdaderamente valoras en la vida.

La riqueza real está en encontrar equilibrio. No se trata de vivir con miedo a perder lo que tienes, ni de gastarlo imprudentemente. Es aprender a disfrutar tu dinero sin que éste se convierta en tu única fuente de felicidad. Muchas personas caen en la trampa de pensar que, ahora que son ricas, deben vivir rodeadas de lujos para demostrarlo. Sin embargo, lo que realmente importa no es lo que los demás piensen de ti, sino cómo te sientes contigo mismo y con las decisiones que tomas.

Otro aspecto clave del verdadero significado de la riqueza es el tiempo. Una vez que el dinero ya no es un problema, empiezas a darte cuenta de que el tiempo es tu recurso más valioso. Puedes comprar muchas cosas, pero no puedes comprar más tiempo. Por eso, cuidar de tu salud física y mental se vuelve esencial. Si pasas tus días preocupado por proteger cada centavo, te privas del gozo de vivir el presente. Si trabajas incansablemente para multiplicar lo que ya tienes, sin descanso ni tiempo para disfrutarlo, entonces el dinero pierde su propósito.

También es importante hablar de las relaciones. Muchas veces, la riqueza puede afectar cómo las personas se relacionan contigo. Puede que algunos te admiren por lo que tienes, mientras que otros pueden acercarse con intenciones poco sinceras. Por eso, es vital rodearte de personas que te valoren por quién eres, no por tu cuenta bancaria. Las relaciones auténticas son parte de lo que realmente enriquece tu vida.

Por último, una de las mayores satisfacciones que la riqueza puede ofrecer es la posibilidad de ayudar a otros. La filantropía, ya sea a gran escala o simplemente ayudando a quienes te rodean, le da un propósito más profundo a tu fortuna. Saber que puedes marcar una diferencia en la vida de alguien más crea una sensación de gratitud y plenitud que ninguna compra puede igualar.

En resumen, el verdadero significado de la riqueza es entender que no se trata solo de tener, sino de ser. Ser una persona equilibrada, ser generoso, ser auténtico y ser consciente de que el dinero es solo una herramienta para construir una vida que valga la pena vivir. El dinero es importante, pero nunca será más valioso que el tiempo, las relaciones y el impacto positivo que puedes dejar en el mundo.

Blindando tu Patrimonio

Blindar tu patrimonio es un paso crucial una vez que has alcanzado el éxito financiero. No importa cuánto dinero tengas; si no tomas medidas para protegerlo, siempre estará en riesgo. Existen muchas amenazas que pueden poner en peligro tu riqueza: demandas legales, crisis económicas, fraudes e incluso errores de planificación. Por eso, es esencial crear un escudo sólido que garantice que lo que has construido con esfuerzo permanezca seguro y bien administrado.

El primer paso para blindar tu patrimonio es entender que no puedes hacerlo solo. Aunque tengas conocimientos básicos sobre finanzas, necesitas un equipo de expertos que te ayude a cubrir todos los aspectos de la protección patrimonial. Estos incluyen abogados especializados, contadores de confianza y gestores financieros. No se trata solo de delegar, sino de asegurarte de que trabajas con personas altamente capacitadas que tengan tus mejores intereses en mente. Contratar un mal asesor o no supervisar el trabajo de tu equipo puede ser tan peligroso como no hacer nada.

Una de las estrategias más efectivas para proteger tus bienes es el uso de fideicomisos. Un fideicomiso es una herramienta legal que permite transferir tus activos a una entidad que los administrará en beneficio tuyo o de tus herederos. Al hacerlo, estos bienes quedan protegidos contra riesgos como demandas o impuestos excesivos. Además, los fideicomisos te permiten establecer reglas claras sobre cómo y cuándo se pueden usar tus bienes, lo que los convierte en una excelente opción para planificar herencias.

Otra forma de blindar tu patrimonio es diversificarlo. Muchas personas cometen el error de concentrar toda su riqueza en un solo lugar, como bienes raíces o acciones de una empresa. Esto puede ser muy riesgoso, porque si algo falla en ese sector, puedes perder una gran parte de tu fortuna. Diversificar significa distribuir tus inversiones en diferentes áreas, como propiedades, mercados bursátiles, fondos indexados, metales preciosos y hasta criptomonedas. La clave está en no depender demasiado de una sola fuente y en conocer los riesgos de cada inversión.

El uso de seguros es otro componente fundamental. Un seguro no es un gasto innecesario; es una red de seguridad que te protege de imprevistos. Si tienes propiedades, asegúrate de que estén cubiertas contra desastres naturales y accidentes. Si tienes una empresa, considera seguros de responsabilidad civil que te respalden ante posibles demandas. También es importante contar con un seguro de vida que garantice que tus seres queridos estarán protegidos si algo te sucede. Aunque pagar primas pueda parecer una molestia, la tranquilidad que te brindan estos seguros no tiene precio.

La protección jurídica es otro aspecto esencial. Vivimos en un mundo donde las demandas legales pueden surgir en cualquier momento, a veces incluso de manera injustificada. Tener un buen abogado que revise contratos, acuerdos y cualquier documento importante antes de firmarlo puede evitarte problemas costosos. También es recomendable separar tus bienes personales de los empresariales, utilizando estructuras como sociedades o corporaciones para limitar tu responsabilidad.

Un tema que muchas veces se pasa por alto es la ciberseguridad. En la era digital, tus activos no son solo físicos; también están en línea. Desde tus cuentas bancarias hasta tus inversiones, toda tu información financiera puede ser vulnerable a ataques si no tomas medidas adecuadas. Usa contraseñas fuertes, activa la autenticación en dos pasos y mantén actualizados tus sistemas de seguridad. Invertir en un buen asesor de ciberseguridad es tan importante como cualquier otro aspecto de la protección patrimonial.

Finalmente, es importante revisar regularmente tu estrategia de protección. Lo que funciona hoy puede no ser suficiente en unos años. Las leyes cambian, las circunstancias personales evolucionan y las amenazas también pueden variar. Tener revisiones periódicas con tu equipo de confianza te permitirá ajustar tu plan y asegurarte de que sigue siendo efectivo.

Proteger tu patrimonio no significa vivir con miedo, sino actuar con precaución y estrategia. Has trabajado duro para construir tu fortuna, y ahora tu responsabilidad es cuidarla. Cada medida que tomes para blindar tus bienes es un paso hacia la tranquilidad y la seguridad, tanto para ti como para tus seres queridos. El objetivo no es solo mantener tu riqueza, sino garantizar que te sirva para disfrutar una vida plena y dejar un legado duradero.

Diversificación Inteligente

La diversificación inteligente es uno de los principios más importantes para proteger y hacer crecer tu patrimonio. Se trata de no poner todo tu dinero en un solo lugar, porque cualquier inversión, por segura que parezca, siempre conlleva riesgos. Al diversificar, reduces la posibilidad de grandes pérdidas y aumentas tus oportunidades de éxito en diferentes áreas. Es como construir un barco con múltiples compartimentos; si uno se llena de agua, el resto puede mantenerte a flote.

El error más común de las personas que han acumulado riqueza es pensar que su inversión principal siempre será segura. Puede ser un negocio familiar, una propiedad o acciones de una empresa que ha ido bien durante años. Pero el mercado cambia constantemente, y depender de una sola fuente de ingresos o de un solo tipo de activo puede ser peligroso. La diversificación inteligente te permite repartir esos riesgos de manera que no tengas que preocuparte si algo inesperado ocurre en un sector o industria.

Un buen punto de partida es identificar las categorías principales de inversión. Estas incluyen bienes raíces, acciones, bonos, fondos indexados, metales preciosos y ahora también criptomonedas. Cada una de estas opciones tiene características diferentes y desempeña un papel único en tu portafolio. Por ejemplo, los bienes raíces son conocidos por ser estables a largo plazo y generar ingresos pasivos, mientras que las acciones pueden ofrecer altos rendimientos en períodos más cortos, pero con mayor volatilidad. Los metales preciosos, como el oro, suelen ser refugios seguros en tiempos de incertidumbre económica.

Una estrategia inteligente es asignar una parte de tu riqueza a cada categoría según tus objetivos y tolerancia al riesgo. Si buscas estabilidad, podrías invertir más en bienes raíces y bonos, que tienden a ser menos volátiles. Si estás dispuesto a asumir más riesgos para obtener mayores retornos, podrías destinar una porción a acciones de alto crecimiento o criptomonedas. La clave está en mantener un equilibrio que se ajuste a tu situación personal y en revisar regularmente tus inversiones para hacer ajustes según sea necesario.

Dentro de cada categoría, también es importante diversificar. Por ejemplo, si inviertes en bienes raíces, no pongas todo tu dinero en un solo país o tipo de propiedad. Podrías considerar propiedades residenciales, comerciales o terrenos en diferentes mercados. Lo mismo ocurre con las acciones; en lugar de comprar acciones de una sola empresa, invierte en un fondo diversificado que incluya compañías de diferentes sectores y regiones. Esto te protege si un mercado específico enfrenta problemas.

La diversificación geográfica también es crucial. Los mercados financieros y las economías no funcionan de manera aislada, pero sí reaccionan de forma diferente a los eventos globales. Invertir en diferentes países y monedas puede proteger tu patrimonio contra cambios en las políticas locales, crisis económicas o fluctuaciones monetarias. Sin embargo, es importante estudiar las regulaciones fiscales y legales de cada región antes de invertir.

Una parte fundamental de la diversificación inteligente es conocer tus límites. No se trata de invertir en todo solo por el hecho de hacerlo. Debes investigar y entender en qué estás poniendo tu dinero. Si una opción de inversión parece demasiado complicada, considera trabajar con un asesor financiero que pueda ayudarte a tomar decisiones informadas. Recuerda que el conocimiento es uno de tus mejores aliados para evitar errores costosos.

Además de diversificar en activos financieros, no olvides las inversiones en ti mismo. La educación, el aprendizaje continuo y el desarrollo de habilidades pueden ser una de las formas más seguras de aumentar tu riqueza a largo plazo. Si te mantienes actualizado y entiendes las tendencias del mercado, estarás en una mejor posición para identificar oportunidades y evitar riesgos.

Finalmente, es importante no dejarte llevar por las emociones. A veces, el miedo o la codicia pueden influir en tus decisiones de inversión, llevándote a concentrar demasiado en una oportunidad que parece "segura" o prometedora. La diversificación inteligente no se trata de perseguir la última moda, sino de construir una base sólida que pueda resistir cualquier tormenta financiera.

En conclusión, la diversificación inteligente es como construir un jardín lleno de diferentes plantas. Algunas florecen rápido, otras tardan más, pero juntas crean un ecosistema resistente y equilibrado. Al repartir tus inversiones de manera estratégica, proteges tu patrimonio, aseguras un flujo constante de ingresos y creas una base sólida para el futuro. La meta no es solo preservar tu riqueza, sino también darle la oportunidad de crecer de forma segura y sostenible.

Inmunidad Financiera Global

La inmunidad financiera global es un concepto que aborda cómo proteger tu riqueza en un mundo interconectado y lleno de incertidumbre. No importa cuánto dinero hayas acumulado; si no diversificas y proteges tus activos a nivel global, estás dejando tu patrimonio vulnerable a riesgos como crisis económicas locales, fluctuaciones monetarias, cambios regulatorios y conflictos geopolíticos. Este enfoque implica pensar más allá de tu país de origen y construir una estrategia que pueda resistir cualquier eventualidad, sin importar dónde ocurra.

El primer paso para lograr inmunidad financiera global es entender que ninguna economía es completamente estable. Incluso los países más fuertes pueden enfrentarse a recesiones, crisis bancarias o problemas políticos. Por eso, es esencial diversificar tus inversiones en diferentes jurisdicciones. Esto incluye abrir cuentas bancarias en el extranjero, invertir en bienes raíces internacionales y tener una parte de tu portafolio en mercados financieros de otros países. Al hacerlo, reduces el impacto de cualquier problema que pueda surgir en una sola región.

Una herramienta clave para proteger tus activos globalmente es abrir cuentas bancarias en múltiples monedas. Depender exclusivamente de una moneda, incluso si es fuerte como el dólar estadounidense, puede ser riesgoso. Las fluctuaciones en el tipo de cambio pueden erosionar tu poder adquisitivo o incluso hacer que pierdas dinero. Al mantener fondos en diferentes monedas, como euros, francos suizos o yenes japoneses, puedes equilibrar estos riesgos y garantizar que siempre tendrás acceso a recursos líquidos en caso de necesidad.

La inversión en bienes raíces internacionales es otra estrategia efectiva. Tener propiedades en diferentes países no solo te brinda diversificación, sino que también puede ser una fuente de ingresos pasivos. Por ejemplo, podrías invertir en una casa en un destino turístico que genere ingresos por alquiler, o en un departamento en una ciudad con una economía en crecimiento. Es importante investigar bien el mercado inmobiliario de cada país y conocer las leyes locales antes de tomar decisiones, ya que cada jurisdicción tiene regulaciones específicas para los inversores extranjeros.

Los metales preciosos, como el oro y la plata, son otro componente esencial de una estrategia de inmunidad financiera global. Estos activos han sido considerados un refugio seguro durante siglos y tienen la ventaja de ser aceptados y valorados en todo el mundo. Además, puedes almacenar tus metales preciosos en diferentes países, lo que añade otra capa de protección. Sin embargo, asegúrate de elegir países con estabilidad política y sistemas legales sólidos para almacenar estos activos.

Las cuentas offshore son una opción que muchos millonarios consideran para proteger su riqueza. Estas cuentas no solo te brindan acceso a diferentes mercados financieros, sino que también pueden ofrecer ventajas fiscales dependiendo de la jurisdicción. Sin embargo, es crucial cumplir con todas las leyes fiscales de tu país de origen y declarar estos activos si es necesario. No se trata de evadir impuestos, sino de optimizar tu situación financiera de manera legal y transparente.

Los fondos de inversión globales son una forma práctica de diversificar tus activos a nivel mundial sin la necesidad de gestionarlos tú mismo. Estos fondos están diseñados para invertir en diferentes regiones, industrias y tipos de activos, lo que te permite beneficiarte del crecimiento en mercados extranjeros. Además, suelen ser gestionados por expertos que tienen un conocimiento profundo de los mercados internacionales, lo que reduce el riesgo asociado con la inversión directa en el extranjero.

Otro aspecto importante es el acceso a residencias o ciudadanías en otros países. Tener un pasaporte adicional o un permiso de residencia en una jurisdicción estable puede ser una ventaja significativa en caso de crisis. Muchos países ofrecen programas de inversión que te permiten obtener la residencia o incluso la ciudadanía a cambio de una inversión significativa en su economía, ya sea en bienes raíces, negocios o bonos del gobierno.

La ciberseguridad es un componente cada vez más relevante en la inmunidad financiera global. Con la digitalización de los activos y la creciente dependencia de las plataformas en línea, proteger tus datos financieros es más crítico que nunca. Utiliza sistemas de autenticación avanzados, mantén tus dispositivos actualizados y considera contratar servicios de seguridad digital para garantizar que tu información y tus activos estén a salvo de ataques cibernéticos.

Finalmente, la educación continua es indispensable. El mundo financiero cambia rápidamente, y lo que funciona hoy puede no ser suficiente mañana. Mantente informado sobre las tendencias globales, las nuevas regulaciones y las oportunidades de inversión en diferentes países. Si bien trabajar con expertos es importante, también necesitas entender los fundamentos para tomar decisiones informadas y supervisar tus estrategias.

En conclusión, la inmunidad financiera global no se trata solo de proteger tu riqueza; es un enfoque integral para garantizar que tu patrimonio esté preparado para cualquier situación. Al diversificar tus activos en diferentes jurisdicciones, monedas y sectores, minimizas riesgos y maximizas oportunidades. Este enfoque no solo te brinda seguridad, sino también tranquilidad, sabiendo que has creado una red sólida que protege tu futuro y el de las próximas generaciones.

Tu Red de Seguridad

Tu red de seguridad financiera es como un colchón que te protege de los imprevistos y te permite mantener la estabilidad económica incluso en los momentos más difíciles. Es el conjunto de recursos, estrategias y decisiones que implementas para asegurarte de que, pase lo que pase, siempre tengas un respaldo. Sin una red de seguridad sólida, incluso las fortunas más grandes pueden evaporarse rápidamente. Por eso, construir esta red debe ser una prioridad si deseas proteger tu riqueza a largo plazo.

El primer elemento de una red de seguridad financiera es tener un fondo de emergencia. Este fondo es dinero reservado exclusivamente para enfrentar situaciones inesperadas, como una crisis económica, gastos médicos imprevistos o reparaciones urgentes. Aunque tengas un alto nivel de riqueza, un fondo de emergencia es esencial porque te proporciona liquidez inmediata. La recomendación general es que este fondo cubra entre seis meses y un año de tus gastos fijos, y que esté depositado en una cuenta fácilmente accesible pero separada de tus inversiones principales.

El seguro es otro pilar fundamental de tu red de seguridad. No importa cuán cuidadoso seas, siempre existen riesgos que no puedes prever. Seguros de vida, salud, propiedad e incluso de responsabilidad civil son herramientas clave para proteger tus activos y a tus seres queridos. Por ejemplo, si posees propiedades valiosas, asegúralas contra desastres naturales, incendios o robos. Si tienes dependientes, un buen seguro de vida puede garantizar su estabilidad financiera en caso de que algo te ocurra. Además, el seguro de responsabilidad civil te protege en situaciones legales que podrían poner en peligro tu patrimonio.

Diversificar tus fuentes de ingresos también fortalece tu red de seguridad. Depender únicamente de un negocio o una inversión puede ser peligroso, ya que cualquier cambio en ese sector podría afectar significativamente tu flujo de efectivo. Si tienes varias fuentes de ingresos, como rentas de propiedades, dividendos de acciones, regalías o un negocio secundario, reduces el impacto de cualquier contratiempo en una sola área. Esto no solo protege tu riqueza, sino que también crea un flujo constante de efectivo que puedes reinvertir.

Un aspecto muchas veces subestimado es la planificación fiscal. Los impuestos pueden ser una de las mayores amenazas para tu riqueza si no los gestionas correctamente. Trabaja con expertos en impuestos para asegurarte de aprovechar todas las deducciones legales disponibles y estructurar tus activos de manera que minimicen tus obligaciones fiscales. Esto no se trata de evadir impuestos, sino de optimizar tus finanzas para que pagues lo justo sin comprometer tu patrimonio.

La creación de una estructura legal adecuada también es esencial. Esto incluye establecer fideicomisos, sociedades o fondos familiares que protejan tus activos de demandas, problemas legales o disputas familiares. Un fideicomiso, por ejemplo, puede ayudarte a garantizar que tus bienes se distribuyan según tus deseos y de manera eficiente desde el punto de vista fiscal. Además, estas estructuras pueden ofrecer una capa adicional de privacidad y seguridad frente a posibles amenazas externas.

Tu red de contactos es otro componente crucial de tu red de seguridad. Rodéate de expertos en diferentes áreas, como asesores financieros, abogados, contadores y consultores de negocios. Estas personas no solo pueden ayudarte a tomar decisiones informadas, sino que también te brindan acceso a recursos y conocimientos que fortalecen tu posición financiera. Mantén una comunicación constante con ellos y asegúrate de que comprendan tus objetivos a largo plazo.

Además, nunca subestimes el valor de la educación financiera continua. El mundo cambia rápidamente, y lo que funciona hoy puede no ser suficiente mañana. Mantente actualizado sobre nuevas herramientas de inversión, cambios en las leyes fiscales y tendencias económicas globales. Cuanto más sepas, mejor equipado estarás para anticiparte a los problemas y adaptarte a los cambios.

La ciberseguridad es otro elemento moderno pero indispensable de una red de seguridad. Con el aumento de las amenazas digitales, proteger tus cuentas y datos es esencial. Utiliza contraseñas fuertes, sistemas de autenticación de dos factores y trabaja con servicios de ciberseguridad para proteger tus activos digitales. Una brecha en la seguridad de tus cuentas bancarias o inversiones puede tener consecuencias devastadoras.

Por último, la comunicación con tu familia y seres queridos es parte de tu red de seguridad. Asegúrate de que entiendan tu visión financiera y de que exista un plan claro en caso de emergencias. Esto incluye establecer un testamento, designar beneficiarios y crear un plan de sucesión para tus negocios y propiedades. Una comunicación abierta y transparente evita malentendidos y conflictos que podrían poner en riesgo tu patrimonio.

En conclusión, tu red de seguridad financiera no es un lujo, sino una necesidad. Es la base que sostiene tu riqueza y te da la tranquilidad de saber que estás preparado para cualquier eventualidad. Construir esta red requiere tiempo, esfuerzo y planificación, pero los beneficios son invaluables. Con una red de seguridad sólida, no solo proteges lo que has logrado, sino que también aseguras un futuro estable para ti y las generaciones que vienen.

Crear un Equipo de Confianza

Crear un equipo de confianza es uno de los pasos más importantes para proteger y hacer crecer tu patrimonio. Por más inteligente y capacitado que seas, no puedes hacerlo todo por tu cuenta. Construir y mantener riqueza requiere la ayuda de expertos en diversas áreas que puedan asesorarte, ejecuten tareas específicas y te protejan de riesgos que no siempre están a la vista. Este equipo no solo se trata de contratar profesionales, sino de rodearte de personas en quienes puedas confiar plenamente, que compartan tu visión y que tengan un compromiso real con tus objetivos a largo plazo.

El primer paso para formar un equipo de confianza es identificar las áreas clave en las que necesitas apoyo. Estas suelen incluir finanzas, asuntos legales, impuestos, inversiones, planificación empresarial y hasta seguridad personal o digital. Cada miembro del equipo debe ser un experto en su campo, con un historial probado de éxito y, lo más importante, una reputación intachable. Por ejemplo, un buen asesor financiero puede ayudarte a planificar tus inversiones, mientras que un abogado especializado en derecho patrimonial puede asegurarse de que tus activos estén protegidos legalmente.

Uno de los roles más importantes en tu equipo es el asesor financiero. Este profesional te ayuda a estructurar tu portafolio de inversiones, evaluar riesgos y maximizar tus rendimientos. Un buen asesor financiero no solo busca multiplicar tu dinero, sino también garantizar que tus decisiones sean sostenibles y alineadas con tus objetivos. Es crucial que este asesor sea completamente transparente sobre sus honorarios y no tenga conflictos de interés. Antes de contratar a alguien, realiza una investigación exhaustiva, pide referencias y asegúrate de que comprenda tus metas a largo plazo.

El contador es otro pilar fundamental. Manejar impuestos y asegurarte de cumplir con todas las regulaciones fiscales es vital para proteger tu riqueza. Un contador experimentado no solo se encargará de que tus declaraciones fiscales sean correctas, sino que también encontrará formas legales de optimizar tus impuestos, ayudándote a ahorrar dinero. Además, debe ser alguien con quien puedas comunicarte fácilmente, ya que tendrás que trabajar de manera cercana en temas delicados y complejos.

Un abogado de confianza es indispensable, especialmente cuando se trata de proteger tu patrimonio y garantizar que todo esté en orden desde el punto de vista legal. Este profesional puede ayudarte con la creación de fideicomisos, la redacción de contratos, la resolución de disputas legales y la planificación de tu herencia. Asegúrate de elegir a alguien con experiencia específica en derecho patrimonial y empresarial, ya que estos son los campos que más afectan a los millonarios. Además, tu abogado debe tener una ética impecable y estar comprometido con proteger tus intereses.

El gestor de inversiones es otro miembro clave de tu equipo. Este profesional se enfoca exclusivamente en encontrar las mejores oportunidades de inversión y en gestionar activamente tu portafolio. Un gestor de inversiones puede ayudarte a diversificar tu riqueza en diferentes sectores y mercados, reduciendo los riesgos y maximizando tus retornos. Busca a alguien con una visión global, que entienda las tendencias del mercado y que tenga una mentalidad estratégica. Además, asegúrate de que sus incentivos estén alineados con los tuyos; por ejemplo, que su compensación dependa de los resultados que obtengas.

La seguridad, tanto física como digital, es otro aspecto que no debes pasar por alto al formar tu equipo. En un mundo interconectado, proteger tus datos personales y financieros es tan importante como protegerte a ti y a tu familia. Contrata especialistas en ciberseguridad que puedan garantizar que tus sistemas y dispositivos estén protegidos contra posibles ataques. Por otro lado, si tu estilo de vida lo requiere, considera trabajar con un equipo de seguridad física que pueda proteger tus propiedades y garantizar tu tranquilidad en todo momento.

La selección de cada miembro de tu equipo debe ser rigurosa. No te apresures a contratar; dedica tiempo a entrevistar candidatos, pedir referencias y verificar antecedentes. Una mala elección puede tener consecuencias graves, desde pérdidas financieras hasta conflictos legales. Además, asegúrate de establecer expectativas claras desde el principio. Define roles, responsabilidades y objetivos específicos para cada miembro del equipo. La comunicación abierta y transparente es clave para que todos trabajen en la misma dirección.

Una vez que hayas formado tu equipo, es crucial construir relaciones sólidas basadas en la confianza mutua. Esto no sucede de la noche a la mañana; requiere tiempo, honestidad y una comunicación constante. Mantente involucrado en las decisiones importantes y asegúrate de que todos los miembros del equipo estén al tanto de tus objetivos a largo plazo. Aunque ellos sean los expertos en sus respectivos campos, tú eres el líder y debes tener la última palabra.

Por último, recuerda que un equipo de confianza no es algo estático. Con el tiempo, tus necesidades y objetivos pueden cambiar, y algunos miembros del equipo pueden dejar de ser adecuados para tus circunstancias. Evalúa regularmente el desempeño de cada miembro y, si es necesario, realiza cambios. Esto no significa que debas desconfiar de todos, sino que estés preparado para adaptarte a nuevas situaciones y desafíos.

En resumen, crear un equipo de confianza no es solo una estrategia, es una necesidad. Las grandes fortunas no se construyen ni se protegen en soledad; requieren el apoyo de personas capacitadas, comprometidas y con una ética intachable. Al rodearte de los mejores expertos y al establecer relaciones basadas en la confianza, estarás construyendo una base sólida para proteger y hacer crecer tu riqueza, garantizando no solo tu éxito, sino también el de las generaciones que vendrán.

Evitar los Errores del Exceso de Confianza

El exceso de confianza es uno de los errores más peligrosos que puedes cometer cuando tienes riqueza. Es natural sentirse seguro después de haber alcanzado el éxito financiero; al fin y al cabo, has trabajado duro, tomado decisiones inteligentes y superado obstáculos para llegar donde estás. Sin embargo, esa misma confianza puede volverse en tu contra si empiezas a subestimar los riesgos, ignorar consejos o asumir que siempre tomarás las decisiones correctas. Muchas grandes fortunas se han perdido porque quienes las gestionaban creyeron que eran invencibles. Evitar este error requiere una mentalidad abierta, autocrítica y una buena dosis de humildad.

El primer paso para evitar el exceso de confianza es reconocer que el éxito pasado no garantiza el éxito futuro. Los mercados, las tendencias económicas y las circunstancias personales cambian constantemente. Una inversión que fue rentable hace cinco años puede no serlo hoy, y una estrategia que funcionó en un mercado específico puede fallar en otro. Por ejemplo, si hiciste fortuna en el sector inmobiliario, podrías caer en la trampa de pensar que cualquier propiedad que compres será un éxito. Esta mentalidad te puede llevar a asumir riesgos innecesarios, ignorando señales claras de que el mercado está saturado o en declive.

Otro aspecto del exceso de confianza es creer que lo sabes todo. Si bien es cierto que probablemente tengas mucha experiencia en tu campo, nadie puede ser experto en todo. Cuando empiezas a tomar decisiones importantes sin consultar a expertos o sin investigar lo suficiente, te expones a cometer errores costosos. Imagina que decides invertir en criptomonedas simplemente porque escuchaste que alguien más ganó millones. Sin un conocimiento profundo del mercado, podrías tomar decisiones impulsivas basadas en información incompleta o errónea, lo que podría resultar en grandes pérdidas.

El exceso de confianza también puede llevarte a subestimar los riesgos. Puedes pensar que porque ya has enfrentado y superado desafíos antes, cualquier problema futuro será fácil de manejar. Sin embargo, este tipo de pensamiento te puede dejar vulnerable. Por ejemplo, podrías no considerar un seguro adecuado para tus propiedades o negocios porque confías en que "nada malo te pasará". Esto es un error grave, ya que los imprevistos siempre pueden ocurrir, y no estar preparado para ellos puede poner en peligro tu patrimonio.

La arrogancia financiera es otra forma en la que el exceso de confianza puede manifestarse. Esto ocurre cuando comienzas a tomar decisiones basadas más en impresionar a otros que en la lógica financiera. Comprar activos innecesarios, gastar más de lo necesario o entrar en inversiones de alto riesgo solo para demostrar tu éxito pueden ser señales de este problema. Este tipo de comportamiento no solo es perjudicial para tus finanzas, sino que también puede afectar tu reputación y relaciones personales.

Para evitar caer en el exceso de confianza, es fundamental rodearte de personas que puedan ofrecerte una perspectiva objetiva. Un equipo de asesores financieros, abogados y contadores te ayudará a evaluar cada decisión desde un punto de vista profesional y no emocional. Además, busca a personas en tu círculo cercano que se atrevan a cuestionarte y darte su opinión honesta, incluso si no es lo que quieres escuchar. Estas voces críticas son esenciales para mantenerte con los pies en la tierra.

También es importante desarrollar la habilidad de cuestionarte a ti mismo. Antes de tomar cualquier decisión financiera importante, pregúntate si estás actuando basándote en hechos concretos o simplemente en tu intuición o experiencia previa. Analiza los riesgos, investiga las opciones y evalúa las posibles consecuencias desde todos los ángulos. Este tipo de reflexión te ayudará a evitar decisiones impulsivas y te permitirá tomar un enfoque más calculado y estratégico.

Otro consejo clave es no dejar que el éxito nuble tu juicio. Recuerda que la riqueza viene con responsabilidades, y cada decisión que tomes puede tener un impacto significativo en tu patrimonio, en tu futuro y en el de las personas que dependen de ti. Mantén una mentalidad de aprendizaje constante. Aunque seas exitoso, siempre hay algo nuevo que puedes aprender, ya sea sobre mercados emergentes, estrategias de inversión o herramientas de gestión financiera.

La diversificación también es una manera efectiva de protegerte del exceso de confianza. Cuando colocas todos tus recursos en una sola inversión o sector, estás apostando a que tu juicio será perfecto. Pero si algo sale mal, las pérdidas pueden ser devastadoras. Diversificar tus inversiones y fuentes de ingresos reduce este riesgo y te da una mayor seguridad, incluso si cometes algún error.

Por último, nunca olvides que la humildad es una virtud en el mundo financiero. Reconocer que no lo sabes todo, que puedes equivocarte y que siempre hay algo que aprender es una señal de fortaleza, no de debilidad. La humildad te permitirá escuchar a los demás, adaptarte a nuevas circunstancias y, sobre todo, proteger tu riqueza de los peligros que a veces vienen de tu propia mente.

En resumen, el exceso de confianza puede ser un enemigo silencioso que amenaza tu fortuna si no tomas medidas para controlarlo. Al mantener una mentalidad abierta, rodearte de expertos, diversificar tus decisiones y recordar siempre que la riqueza no es invulnerable, estarás mejor preparado para enfrentar los desafíos y preservar lo que has construido con tanto esfuerzo. El verdadero éxito financiero no solo consiste en ganar dinero, sino en mantenerlo y hacerlo crecer de manera sostenible y consciente.

Invertir en Negocios Privados

Invertir en negocios privados puede ser una de las estrategias más interesantes y rentables para diversificar y hacer crecer tu patrimonio, pero también es una de las más complejas y riesgosas si no se aborda con cuidado. A diferencia de las inversiones en acciones públicas, donde puedes analizar datos accesibles y seguir las tendencias del mercado en tiempo real, los negocios privados suelen ser menos transparentes y más difíciles de evaluar. Sin embargo, con una investigación adecuada y una estrategia bien pensada, pueden ofrecer rendimientos excepcionales y oportunidades únicas.

El primer paso para invertir en negocios privados es entender claramente el tipo de empresa en la que deseas participar. No todos los negocios privados son iguales, y cada sector tiene sus propias dinámicas, riesgos y oportunidades. Por ejemplo, invertir en una pequeña empresa tecnológica puede tener un enorme potencial de crecimiento, pero también un alto nivel de incertidumbre debido a la competencia y la rápida evolución del sector. Por otro lado, un negocio más tradicional, como un restaurante o una empresa de servicios locales, puede ofrecer ingresos más estables pero con menos posibilidades de multiplicar tu inversión rápidamente. Conocer tu tolerancia al riesgo y tus objetivos financieros es esencial para tomar decisiones informadas.

Un aspecto clave al invertir en negocios privados es evaluar la experiencia y las habilidades del equipo de gestión. La calidad de las personas que lideran el negocio es a menudo el factor más importante para determinar su éxito. Busca emprendedores que no solo sean apasionados por lo que hacen, sino que también tengan experiencia relevante, una visión clara y un historial de superar desafíos. Si el equipo fundador no tiene una dirección sólida o no entiende su mercado, es probable que la empresa enfrente problemas, sin importar cuán prometedora parezca la idea.

Antes de invertir, es fundamental realizar una debida diligencia exhaustiva. Esto significa analizar a fondo todos los aspectos del negocio, incluyendo sus finanzas, operaciones, mercado objetivo y proyecciones futuras. Examina los estados financieros para entender cómo la empresa genera ingresos y cómo utiliza sus recursos. Pregunta sobre sus clientes principales, los costos operativos y cualquier deuda que pueda tener. También es útil investigar el mercado en el que opera el negocio para evaluar si hay una demanda sostenible para sus productos o servicios. Este proceso no solo te ayudará a identificar posibles riesgos, sino que también te dará una mejor idea del valor real de la inversión.

Una vez que tengas una buena comprensión del negocio, es importante estructurar el acuerdo de inversión de manera que proteja tus intereses. Esto puede incluir negociar una participación en la propiedad, derechos de voto, dividendos o incluso una posición en la junta directiva. Si bien es tentador simplemente entregar dinero a cambio de una participación, un enfoque más activo te permitirá tener mayor control y estar más informado sobre el desempeño del negocio. Asegúrate de contar con contratos claros y detallados que especifiquen tus derechos y responsabilidades, así como las condiciones para salir de la inversión en caso de que las cosas no salgan como esperabas.

Otro aspecto que debes considerar es el horizonte de tiempo de tu inversión. A diferencia de las acciones o bonos, que pueden venderse relativamente rápido, las inversiones en negocios privados suelen ser de largo plazo. Debes estar preparado para que tu capital esté atado por varios años, ya que las empresas necesitan tiempo para crecer y generar rendimientos significativos. Este compromiso a largo plazo puede ser una desventaja para algunos, pero también puede ofrecer la oportunidad de obtener retornos más altos al apoyar negocios en sus primeras etapas y participar en su éxito futuro.

Invertir en negocios privados también requiere un enfoque cuidadoso hacia la diversificación. Aunque es emocionante apostar por una empresa en la que crees, poner todo tu dinero en un solo negocio es extremadamente arriesgado. Incluso las ideas más prometedoras pueden fallar debido a circunstancias imprevistas, como cambios en el mercado, problemas de gestión o nuevas regulaciones. Por lo tanto, es recomendable distribuir tu inversión entre varios negocios y sectores para reducir el impacto de posibles pérdidas.

Otro consejo importante es no invertir únicamente basado en tus emociones. A veces, puedes sentirte atraído por una idea porque suena innovadora o porque te gusta personalmente el producto o servicio. Sin embargo, las emociones pueden nublar tu juicio y hacer que pases por alto problemas importantes. Es crucial mantener una mentalidad objetiva y tomar decisiones basadas en datos, análisis y una comprensión clara del negocio.

El networking también juega un papel esencial al invertir en negocios privados. Conectar con otros inversionistas, emprendedores y expertos de la industria puede brindarte acceso a mejores oportunidades y ayudarte a evitar errores comunes. Los grupos de inversión, las redes de ángeles inversionistas y las conferencias de negocios son excelentes lugares para aprender de otros y explorar nuevas posibilidades. Además, estas conexiones pueden ser invaluables cuando necesitas asesoramiento o apoyo para gestionar tus inversiones.

Finalmente, ten en cuenta que invertir en negocios privados no es solo una cuestión de dinero, sino también de tiempo y energía. Serás más que un simple accionista; serás un socio estratégico que puede influir en la dirección del negocio. Si estás dispuesto a comprometerte y trabajar junto con el equipo, puedes agregar un valor significativo a la empresa y aumentar tus posibilidades de éxito. Sin embargo, si prefieres un enfoque más pasivo, es importante establecer límites claros desde el principio y asegurarte de que el negocio puede funcionar de manera independiente.

En resumen, invertir en negocios privados puede ser una experiencia gratificante y rentable, pero también requiere preparación, paciencia y una gestión cuidadosa. Al elegir negocios con potencial, hacer una debida diligencia adecuada, diversificar tus inversiones y mantener una mentalidad objetiva, puedes maximizar tus posibilidades de éxito mientras minimizas los riesgos. Con el enfoque correcto, no solo estarás invirtiendo en una empresa, sino en una visión que podría convertirse en el próximo gran éxito.

Planificación Fiscal para Grandes Patrimonios

La planificación fiscal para grandes patrimonios es una de las estrategias más importantes para proteger y maximizar tu riqueza. A medida que tu fortuna crece, también lo hace la complejidad de tus obligaciones fiscales. Si no manejas tus impuestos de manera eficiente, puedes terminar pagando más de lo necesario, lo que reduce significativamente tus ingresos netos y el valor de tu patrimonio a largo plazo. Una planificación fiscal adecuada no se trata de evadir impuestos, lo cual es ilegal, sino de aprovechar las leyes y regulaciones fiscales a tu favor de manera ética y estratégica.

El primer paso en la planificación fiscal es entender las leyes y regulaciones del país donde resides, así como de aquellos países donde tienes inversiones o propiedades. Cada jurisdicción tiene sus propias normas fiscales, que pueden incluir impuestos sobre ingresos, ganancias de capital, herencias y donaciones. Contratar a un asesor fiscal con experiencia en patrimonios elevados es fundamental para mantenerte al tanto de tus obligaciones legales y optimizar tu situación fiscal. Este profesional debe ser capaz de identificar oportunidades para reducir tus impuestos de forma legítima y asegurarse de que cumples con todas las normativas.

Una estrategia común en la planificación fiscal es estructurar tus inversiones y propiedades de manera eficiente. Esto puede incluir la creación de entidades legales como sociedades, fideicomisos o fundaciones que te permitan administrar tus activos de manera más flexible y con beneficios fiscales. Por ejemplo, un fideicomiso bien diseñado puede proteger tus bienes frente a impuestos sucesorios elevados y garantizar que tus herederos reciban tu patrimonio de manera ordenada. Sin embargo, estas estructuras deben ser creadas con un conocimiento profundo de las leyes locales e internacionales, ya que un mal diseño puede tener consecuencias negativas.

La diversificación geográfica también juega un papel importante en la planificación fiscal. Tener activos e inversiones en diferentes países no solo reduce el riesgo financiero, sino que también puede ofrecer ventajas fiscales. Algunos países tienen acuerdos de doble imposición, lo que significa que puedes evitar pagar impuestos sobre los mismos ingresos en dos lugares diferentes. Otros ofrecen beneficios específicos para atraer a inversionistas extranjeros, como tasas impositivas reducidas o exenciones fiscales temporales. Sin embargo, manejar una cartera internacional requiere un análisis constante para cumplir con las regulaciones de cada país y aprovechar al máximo sus ventajas.

Un aspecto que no se puede pasar por alto en la planificación fiscal para grandes patrimonios es el manejo de las ganancias de capital. Estas ganancias provienen de la venta de activos como acciones, propiedades inmobiliarias o negocios, y suelen estar sujetas a impuestos específicos. Una estrategia efectiva para minimizar este impacto es planificar cuidadosamente el momento de las ventas. Por ejemplo, si tus ganancias se encuentran en un nivel más alto durante un año en particular, podrías posponer una venta para el siguiente año fiscal, cuando esperes tener ingresos más bajos. También puedes utilizar estrategias de pérdida fiscal, compensando las ganancias con pérdidas de otras inversiones.

La planificación fiscal también incluye pensar en el futuro. Esto significa tener en cuenta cómo tus decisiones actuales afectarán la transmisión de tu riqueza a las próximas generaciones. Los impuestos sobre herencias y donaciones pueden ser extremadamente altos en algunos países, pero existen herramientas para reducir su impacto. Por ejemplo, hacer donaciones periódicas en vida a tus herederos puede ayudarte a distribuir tu riqueza de manera más eficiente y disminuir la carga fiscal al momento de tu fallecimiento. Otra opción es establecer fideicomisos familiares que protejan tus activos y reduzcan los impuestos sucesorios.

El uso de seguros de vida también puede ser una herramienta poderosa en la planificación fiscal. Algunas pólizas de seguro no solo brindan protección financiera a tus seres queridos, sino que también pueden ofrecer ventajas fiscales significativas. Por ejemplo, en ciertos casos, los beneficios por fallecimiento están exentos de impuestos, lo que asegura que tus herederos reciban una suma completa sin deducciones. Además, los seguros pueden ser una forma efectiva de pagar impuestos sucesorios, ya que proporcionan liquidez inmediata sin necesidad de vender activos valiosos.

Otro aspecto crucial de la planificación fiscal es la gestión eficiente de los ingresos pasivos. Los ingresos provenientes de alquileres, dividendos, regalías u otras fuentes pueden estar sujetos a diferentes tasas impositivas dependiendo de cómo estén estructurados. Por ejemplo, algunas jurisdicciones ofrecen incentivos fiscales para ciertos tipos de ingresos, como los dividendos provenientes de empresas locales o los ingresos por inversiones en energía renovable. Trabajar con un asesor fiscal te ayudará a identificar estas oportunidades y maximizar tus ingresos netos.

La filantropía también puede ser una parte integral de tu estrategia fiscal. Las donaciones a organizaciones benéficas no solo tienen un impacto positivo en la sociedad, sino que también pueden reducir significativamente tu carga fiscal. En muchos países, las donaciones calificadas son deducibles de impuestos, lo que significa que puedes donar una parte de tus ingresos en lugar de pagarla en impuestos. Además, establecer tu propia fundación benéfica puede ofrecer beneficios fiscales adicionales y te permite dirigir tus recursos hacia causas que te importen.

Es importante mencionar que la planificación fiscal no es una actividad de una sola vez. Las leyes fiscales cambian con el tiempo, y lo que funciona hoy puede no ser válido mañana. Por eso, es esencial revisar y actualizar tu plan fiscal regularmente, especialmente cuando experimentas cambios importantes en tu situación financiera o en las leyes de tu país. Mantener una comunicación constante con tu asesor fiscal te ayudará a estar preparado para cualquier cambio y a ajustar tu estrategia en consecuencia.

En resumen, la planificación fiscal para grandes patrimonios es una herramienta esencial para proteger y hacer crecer tu riqueza. Al comprender las leyes fiscales, estructurar tus activos de manera eficiente, diversificar geográficamente, manejar las ganancias de capital y planificar para el futuro, puedes minimizar tus impuestos y maximizar tus ingresos. Con el apoyo adecuado y un enfoque proactivo, puedes asegurarte de que tu fortuna esté bien protegida y de que aproveches todas las oportunidades disponibles para optimizar tu situación fiscal. Esto no solo te beneficiará a ti, sino también a las generaciones futuras que se beneficiarán de tu planificación.

El Legado Familiar y la Educación Financiera

El legado familiar no se mide únicamente por los bienes materiales que dejas a tus herederos, sino también por los valores, conocimientos y principios que transmites. La educación financiera es una de las herramientas más valiosas que puedes proporcionar a tus hijos y familiares. No se trata solo de enseñarles a manejar dinero, sino de inculcarles una mentalidad responsable y consciente para que puedan preservar y hacer crecer el patrimonio familiar de manera sostenible.

Un error común entre familias con grandes patrimonios es suponer que la riqueza resolverá todos los problemas futuros. La realidad es que, sin una base sólida de educación financiera, el dinero puede convertirse en una fuente de conflicto o incluso desaparecer en una generación. Estudios muestran que muchas fortunas familiares se pierden en la segunda o tercera generación debido a la falta de planificación y educación. Por eso, dedicar tiempo a enseñar a tus herederos sobre finanzas no es solo una buena práctica, sino una inversión en la estabilidad y el futuro de tu familia.

El primer paso para fomentar la educación financiera en tu familia es crear un ambiente de diálogo abierto sobre el dinero. Hablar de finanzas no debería ser un tema tabú. Explica a tus hijos cómo manejas tus ingresos, gastos e inversiones, y por qué tomas ciertas decisiones financieras. Hazlo de una manera que puedan entender según su edad. Por ejemplo, a los más pequeños puedes enseñarles conceptos básicos como ahorrar parte de su mesada o entender el valor del trabajo. A medida que crecen, puedes introducir temas más complejos como el interés compuesto, la diversificación de inversiones y la importancia de evitar deudas innecesarias.

Es fundamental enseñar a tus hijos que la riqueza conlleva responsabilidad. Esto incluye no solo cuidar los bienes materiales, sino también utilizar los recursos de manera inteligente y con propósito. Una forma efectiva de inculcar este valor es involucrarlos en actividades de filantropía desde una edad temprana. Permíteles participar en decisiones sobre donaciones familiares, mostrarles cómo sus aportaciones pueden impactar positivamente en la vida de otros y explicarles por qué es importante devolver algo a la sociedad. Esta práctica no solo fomenta la empatía, sino que también les ayuda a comprender que la riqueza no es solo para el beneficio personal.

La práctica es clave para consolidar los conocimientos financieros. Proporciona a tus hijos oportunidades para manejar dinero de manera realista. Por ejemplo, puedes darles una pequeña suma para invertir en un proyecto personal o en el mercado de valores bajo tu supervisión. Esto les permitirá aprender de primera mano sobre los riesgos, recompensas y responsabilidades asociadas con la gestión del dinero. También puedes usar ejemplos de la vida cotidiana, como planificar un presupuesto familiar para un viaje o comparar precios al comprar algo importante.

Otro aspecto crucial de la educación financiera es enseñarles a diferenciar entre necesidades y deseos. En un mundo donde la publicidad y las redes sociales fomentan el consumo excesivo, es fácil caer en la trampa de gastar en cosas innecesarias. Ayuda a tus hijos a desarrollar una mentalidad crítica frente al consumo. Enséñales a evaluar si una compra realmente vale la pena o si ese dinero podría utilizarse de una manera más productiva. Esto no significa privarlos de disfrutar su riqueza, sino guiarlos hacia un equilibrio saludable entre gasto, ahorro e inversión.

Para construir un legado familiar sólido, también es esencial establecer valores y objetivos compartidos. Habla con tu familia sobre lo que significa la riqueza para ustedes y cómo quieren que se utilice. Algunas familias desarrollan una misión o visión que guía sus decisiones financieras y empresariales. Esta declaración puede incluir principios como la ética, el trabajo duro, la sostenibilidad o el compromiso con la comunidad. Tener una visión compartida puede unir a los miembros de la familia y minimizar los conflictos relacionados con el patrimonio.

Además, considera documentar la historia de tu familia y cómo se construyó la fortuna. Compartir anécdotas sobre el esfuerzo, las decisiones y los sacrificios que llevaron al éxito puede inspirar a las futuras generaciones a valorar lo que tienen y trabajar para mantenerlo. Puedes incluso crear un libro o video familiar que narre estos aspectos y refuerce el sentido de pertenencia y responsabilidad hacia el patrimonio.

No olvides que el aprendizaje continuo es vital. Así como el mundo financiero evoluciona, también deberían hacerlo los conocimientos de tu familia. Anima a tus herederos a leer libros, tomar cursos o participar en seminarios sobre finanzas e inversiones. Incluso puedes invitar a expertos a dar talleres familiares para profundizar en temas específicos. Mantenerse actualizado no solo les permitirá tomar mejores decisiones, sino que también reforzará su confianza en la gestión de la riqueza.

Finalmente, recuerda que tú eres el modelo a seguir más importante para tu familia. Tus acciones hablan más fuerte que tus palabras. Si manejas tus finanzas con prudencia, planificas a largo plazo y demuestras generosidad, es más probable que tus hijos adopten esos mismos hábitos. No se trata de ser perfecto, sino de ser consciente de que tus decisiones financieras son un ejemplo directo para ellos.

En resumen, el legado familiar y la educación financiera van de la mano. Dejar una fortuna sin enseñar cómo manejarla es como entregar un auto deportivo sin instrucciones para conducirlo. Al proporcionar a tus hijos y familiares las herramientas necesarias para entender y gestionar el dinero, no solo estarás asegurando la preservación de tu patrimonio, sino también fortaleciendo el núcleo familiar y preparándolos para enfrentar el futuro con confianza y éxito. La educación financiera no es un gasto de tiempo, es una inversión en las generaciones venideras.

Filantropía Estratégica

La filantropía estratégica es mucho más que donar dinero a una buena causa. Es una forma de contribuir al bienestar del mundo con un enfoque planificado, medido y efectivo. Aunque la generosidad siempre es valiosa, una filantropía estratégica permite que tus recursos tengan un impacto mucho mayor. Se trata de alinear tus valores y objetivos personales con causas específicas, diseñar un plan para apoyar esas causas y medir los resultados de tu contribución. Este enfoque no solo beneficia a las organizaciones y comunidades que ayudas, sino que también enriquece tu vida al saber que estás marcando una diferencia real y duradera.

El primer paso para practicar una filantropía estratégica es identificar las causas que son más significativas para ti. Reflexiona sobre los problemas que te preocupan profundamente o las áreas en las que sientes que puedes contribuir con mayor impacto. Tal vez sientas pasión por la educación, el medio ambiente, la salud, la igualdad social o la innovación tecnológica. Define cuáles son tus prioridades y cómo se alinean con tus valores personales. Este proceso no solo te ayuda a enfocar tus esfuerzos, sino que también le da un propósito más claro a tus acciones filantrópicas.

Una vez que hayas identificado las áreas que deseas apoyar, es importante investigar. Conoce a las organizaciones y proyectos que trabajan en esas áreas. No todas las iniciativas tienen el mismo nivel de efectividad o transparencia, por lo que es crucial asegurarte de que tus recursos serán utilizados de manera responsable y eficiente. Busca organizaciones con un historial probado de éxito, metas claras y prácticas de rendición de cuentas. Puedes revisar sus reportes anuales, hablar con líderes de esas organizaciones o incluso visitar los proyectos en persona para ver cómo operan.

Otro aspecto clave de la filantropía estratégica es establecer metas específicas para tus donaciones. En lugar de simplemente entregar dinero, decide qué es lo que deseas lograr. Por ejemplo, si apoyas la educación, puedes querer financiar becas para estudiantes desfavorecidos, construir una escuela o implementar un programa de capacitación para maestros. Estas metas claras te permiten medir el impacto de tus esfuerzos y te motivan a seguir adelante al ver resultados tangibles.

El compromiso a largo plazo es otro componente esencial. Muchas veces, los problemas que enfrentan las comunidades y las organizaciones no se resuelven con una donación única. La filantropía estratégica implica crear relaciones duraderas y apoyar iniciativas de manera consistente a lo largo del tiempo. Esto no significa que tengas que comprometer todos tus recursos a una sola causa, pero sí que consideres el valor de construir una relación sostenida con las organizaciones que apoyas. Tu contribución continua puede garantizar que sus proyectos sean más sostenibles y efectivos.

No todos los recursos que aportas tienen que ser financieros. Tus conocimientos, habilidades y red de contactos también pueden ser herramientas poderosas en la filantropía estratégica. Si tienes experiencia en negocios, finanzas, tecnología u otras áreas, puedes ofrecer asesoramiento a las organizaciones que apoyas. También puedes conectar a esas organizaciones con otros donantes o aliados estratégicos. Este enfoque multifacético no solo multiplica el impacto de tus contribuciones, sino que también fortalece a las organizaciones y les permite operar con mayor eficiencia.

Un aspecto fundamental de la filantropía estratégica es medir los resultados. Es importante evaluar cómo tus recursos están siendo utilizados y qué impacto están teniendo en las causas que apoyas. Esto no solo te ayuda a confirmar que estás logrando tus objetivos, sino que también te permite ajustar tu estrategia si es necesario. Por ejemplo, si un proyecto no está dando los resultados esperados, puedes decidir redirigir tus recursos hacia una iniciativa más efectiva. Medir el impacto también te da la satisfacción de saber que tus esfuerzos están generando un cambio real.

La filantropía estratégica no tiene que ser algo solitario. Puedes involucrar a tu familia, amigos o incluso colegas en el proceso. Esto no solo fortalece tus lazos personales, sino que también ayuda a multiplicar el impacto de tus acciones. Por ejemplo, puedes crear un fondo familiar de donaciones donde todos participen en la decisión de qué causas apoyar. O puedes organizar eventos para recaudar fondos y generar conciencia sobre los problemas que te interesan. La colaboración también puede abrir nuevas perspectivas y enriquecer tu enfoque filantrópico.

Además, considera cómo tus inversiones personales pueden alinearse con tus objetivos filantrópicos. Por ejemplo, puedes invertir en empresas o proyectos que promuevan las mismas causas que apoyas con tus donaciones. Esto se conoce como inversión de impacto, y es una forma de poner tu dinero a trabajar para generar tanto beneficios financieros como sociales. Al combinar filantropía con inversiones conscientes, puedes maximizar el impacto de tu riqueza y contribuir a un cambio positivo en múltiples frentes.

Es importante recordar que la filantropía estratégica no se trata de obtener reconocimiento o alabanzas. Aunque puede ser agradable recibir agradecimientos por tus contribuciones, el objetivo principal es hacer una diferencia en las vidas de otros y en el mundo. Mantén el enfoque en el impacto, no en la atención que puedas recibir. Esto no solo asegura que tus acciones sean auténticas, sino que también establece un ejemplo para otros que quieran seguir tus pasos.

Finalmente, la filantropía estratégica no solo beneficia a quienes reciben tu ayuda, sino que también transforma tu vida. Al dedicarte a causas que realmente importan, experimentas una sensación de propósito y conexión que es difícil de igualar. Saber que estás utilizando tus recursos para construir un mundo mejor te da una satisfacción profunda y un legado que perdurará mucho más allá de tu vida. Ser estratégico en tu generosidad no solo aumenta el impacto de tu riqueza, sino que también enriquece tu espíritu y deja una marca positiva en el mundo.

Adaptarse a los Cambios

Adaptarse a los cambios es una habilidad esencial para proteger y hacer crecer tu patrimonio. El mundo está en constante evolución, y las condiciones económicas, tecnológicas y sociales pueden transformarse de forma inesperada. Lo que funciona hoy puede no ser relevante mañana, y entender esta realidad te ayuda a mantener una mentalidad flexible y preparada para enfrentar lo inesperado. Adaptarse no significa reaccionar sin pensar; significa observar, analizar y ajustar tu estrategia para seguir siendo exitoso sin importar las circunstancias.

Un aspecto clave de adaptarse a los cambios es aceptar que la incertidumbre siempre estará presente. Nadie puede predecir con exactitud lo que sucederá en el futuro, pero puedes prepararte para diferentes escenarios. Esto implica diversificar tus inversiones, estar atento a las tendencias del mercado y mantener un flujo constante de aprendizaje. Por ejemplo, si una nueva tecnología está transformando una industria en la que tienes intereses financieros, es importante investigar cómo podría afectarte y considerar si necesitas cambiar tu estrategia. La adaptación comienza con la información, y mantenerse informado es tu mejor defensa contra lo inesperado.

La flexibilidad en tus decisiones es otro elemento importante. Muchas veces, el apego emocional a ciertos negocios, inversiones o ideas puede dificultar tu capacidad para adaptarte. Tal vez tengas una empresa que has dirigido durante años o una inversión que siempre ha sido rentable, pero si las circunstancias cambian y esas opciones ya no son viables, aferrarte a ellas puede ser perjudicial. Aprender a soltar cuando es necesario y redirigir tus recursos hacia oportunidades más prometedoras es esencial para proteger tu fortuna. La clave está en ser pragmático y evaluar cada situación desde un punto de vista racional, no emocional.

Un ejemplo común de cambio al que muchos enfrentan es el avance tecnológico. La tecnología puede ser tanto una amenaza como una oportunidad, dependiendo de cómo la enfrentes. Por un lado, puede hacer que ciertos negocios o industrias se vuelvan obsoletos; por otro, puede abrir puertas a nuevas formas de generar riqueza. Si mantienes una mentalidad abierta y estás dispuesto a aprender, puedes aprovechar la tecnología para mejorar tus operaciones, automatizar procesos o incluso explorar nuevas inversiones. Adaptarte a los avances tecnológicos no solo te mantiene competitivo, sino que también te posiciona para aprovechar las oportunidades que surgen con cada innovación.

La economía global también es un área donde los cambios son inevitables. Las recesiones, los cambios en las políticas gubernamentales y las fluctuaciones del mercado pueden afectar incluso a las fortunas más sólidas. Para adaptarte a estos cambios, es importante tener un enfoque proactivo en lugar de reactivo. Esto significa construir un fondo de emergencia sólido, mantener una planificación fiscal eficiente y estar preparado para ajustar tus inversiones según sea necesario. Si bien no puedes controlar el rumbo de la economía, puedes controlar cómo te preparas para navegar sus altibajos.

Otro aspecto de adaptarse a los cambios es reconocer que no necesitas hacerlo solo. Rodéate de expertos y asesores que puedan ayudarte a interpretar los cambios y tomar decisiones informadas. Esto puede incluir consultores financieros, abogados especializados en patrimonio, o incluso mentores con experiencia en industrias clave. Contar con una red de apoyo te da acceso a perspectivas y conocimientos que pueden ser cruciales en momentos de incertidumbre. Sin embargo, recuerda que, aunque los expertos pueden orientarte, la responsabilidad final de proteger tu patrimonio siempre recae en ti.

Además, no todos los cambios son externos. A lo largo de tu vida, tus propias metas, prioridades y valores pueden evolucionar. Tal vez en el pasado estabas enfocado en maximizar tus ingresos, pero ahora prefieres invertir en causas sociales o en el bienestar de tu familia. Adaptarte también significa reevaluar tus objetivos personales y asegurarte de que tu estrategia financiera esté alineada con ellos. Este proceso de autoevaluación te ayuda a mantener una relación saludable con tu riqueza y a asegurarte de que estás utilizando tus recursos de una manera que realmente te satisfaga.

La comunicación también juega un papel crucial en la adaptación. Si tienes una familia o un equipo que depende de ti, es importante mantenerlos informados y comprometidos con los cambios necesarios. La transparencia fomenta la confianza y asegura que todos estén trabajando hacia los mismos objetivos. Por ejemplo, si decides cambiar la estrategia de inversión familiar, explicar las razones detrás de esa decisión ayuda a reducir la resistencia y a obtener su apoyo. Adaptarte a los cambios es más fácil cuando cuentas con el respaldo de las personas clave en tu vida.

Finalmente, adaptarse a los cambios requiere una mentalidad de crecimiento. En lugar de temer a lo desconocido, considera cada cambio como una oportunidad para aprender y evolucionar. La resiliencia no es la ausencia de desafíos, sino la capacidad de enfrentarlos con confianza y determinación. Cada cambio que enfrentas te da la oportunidad de mejorar tus habilidades, fortalecer tu estrategia y crecer como persona. En lugar de resistir el cambio, abrázalo como una parte natural de la vida y de la gestión de tu patrimonio.

Adaptarte a los cambios no solo protege tu riqueza, sino que también te permite disfrutarla plenamente. Saber que puedes enfrentar cualquier desafío con confianza y preparación te da tranquilidad y libertad. Al final, la capacidad de adaptarte no es solo una habilidad financiera, sino una herramienta para vivir una vida más plena y resiliente. Los cambios son inevitables, pero cómo los enfrentas define no solo tu éxito financiero, sino también tu legado personal.

Los Peligros del Estilo de Vida Millonario

El estilo de vida millonario tiene una atracción casi mítica. Autos de lujo, mansiones impresionantes, viajes exóticos y una aparente libertad total son las imágenes que suelen venir a la mente cuando pensamos en la vida de alguien con gran riqueza. Sin embargo, detrás de esta fachada deslumbrante hay peligros reales que pueden afectar no solo tu patrimonio, sino también tu bienestar emocional, tus relaciones y tu sentido de propósito. Conocer estos riesgos y abordarlos de manera consciente es crucial para proteger tanto tu fortuna como tu felicidad.

Uno de los peligros más comunes es el gasto descontrolado. Cuando tienes acceso a recursos ilimitados, es fácil caer en la tentación de gastar sin pensar. Comprar un automóvil deportivo o una joya costosa puede parecer una decisión insignificante cuando tu cuenta bancaria es robusta, pero el hábito de gastar de manera impulsiva puede acumularse rápidamente. El problema no es el gasto en sí, sino la falta de planificación. Si no estableces límites claros y prioridades financieras, puedes encontrarte en una espiral de gastos que, a largo plazo, afecta negativamente tu patrimonio.

Otro riesgo es el círculo social que puedes atraer con tu riqueza. Tener dinero a menudo atrae a personas interesadas en aprovecharse de tu éxito. Pueden presentarse como amigos, socios comerciales o incluso familiares lejanos, pero su verdadero interés puede ser beneficiarse de tu fortuna. Estas relaciones pueden ser dañinas no solo financieramente, sino también emocionalmente. Para protegerte, es importante ser selectivo con las personas que permites en tu vida y evaluar sus intenciones. Rodéate de aquellos que te valoren por quien eres, no por lo que tienes.

El estilo de vida millonario también puede llevar a una desconexión con la realidad. Cuando puedes pagar cualquier cosa, es fácil perder el sentido del valor del dinero y del esfuerzo necesario para ganarlo. Esto puede hacerte insensible a los desafíos que enfrentan las personas con menos recursos y, a largo plazo, puede erosionar tu empatía. Mantenerte conectado con actividades y comunidades fuera de tu burbuja de riqueza es una forma de combatir este problema. Participar en actividades filantrópicas, colaborar con organizaciones comunitarias o simplemente mantener relaciones auténticas con personas de diferentes orígenes puede ayudarte a mantener los pies en la tierra.

Además, la presión de mantener un estilo de vida elevado puede ser abrumadora. Una vez que te acostumbras a ciertos estándares, puede ser difícil retroceder, incluso si las circunstancias lo requieren. Por ejemplo, si tus ingresos disminuyen o enfrentas una crisis económica, recortar gastos puede sentirse como un fracaso en lugar de una decisión lógica. Este tipo de presión puede llevarte a tomar decisiones financieras poco prudentes, como endeudarte innecesariamente para mantener las apariencias. La solución es recordar que tu valor no está definido por lo que posees y que la flexibilidad es clave para una buena gestión financiera.

La salud emocional también puede verse afectada por el estilo de vida millonario. La riqueza puede amplificar problemas preexistentes como la ansiedad, el estrés o incluso la depresión. En algunos casos, puede surgir el miedo constante de perder lo que tienes, lo que lleva a una sensación de inseguridad a pesar de tu éxito. También puedes sentirte aislado, especialmente si percibes que las personas a tu alrededor no comprenden tus preocupaciones o te ven únicamente como una fuente de recursos. Buscar apoyo profesional, como un terapeuta o coach, puede ser una herramienta valiosa para manejar estos desafíos.

Otro peligro significativo es la influencia negativa que el estilo de vida millonario puede tener en tu familia, especialmente en tus hijos. Cuando los niños crecen rodeados de abundancia sin límites, pueden desarrollar una falta de apreciación por el esfuerzo y el valor del trabajo. También pueden enfrentar dificultades para encontrar su identidad, ya que la sombra de la riqueza familiar puede ser abrumadora. La solución es educarlos en principios sólidos de responsabilidad financiera y valores humanos. Enseñarles a apreciar el esfuerzo y a administrar recursos les dará herramientas para enfrentar el mundo de manera equilibrada.

Los fraudes y estafas son otro riesgo constante para las personas con gran riqueza. La exposición que viene con el estilo de vida millonario puede convertirte en un objetivo para estafadores sofisticados. Desde propuestas de inversión fraudulentas hasta esquemas complejos diseñados para aprovecharse de tu confianza, los riesgos son innumerables. La mejor defensa es la diligencia. Nunca tomes decisiones importantes sin investigar a fondo y sin consultar a expertos en los que confíes. Un buen equipo de asesores financieros y legales puede ayudarte a identificar y evitar amenazas antes de que se conviertan en problemas.

Finalmente, está el peligro de perder el propósito. La riqueza puede proporcionarte libertad, pero también puede quitarte el sentido de dirección si no tienes claridad sobre lo que realmente te importa. Muchas personas caen en la trampa de perseguir más dinero, pensando que esto les traerá más felicidad, solo para descubrir que el vacío persiste. Encontrar actividades y metas que te apasionen, más allá de acumular bienes materiales, es esencial para mantener un equilibrio saludable. Esto podría ser construir un legado, contribuir a causas significativas o simplemente disfrutar del tiempo con tus seres queridos.

El estilo de vida millonario, aunque lleno de ventajas, no está exento de desafíos. Los peligros pueden ser sutiles y, a menudo, se desarrollan con el tiempo, pero si eres consciente de ellos y tomas medidas para mitigarlos, puedes disfrutar de tu riqueza sin comprometer tu felicidad o tu bienestar. Recuerda que la riqueza es una herramienta, no un fin en sí misma, y depende de ti usarla de manera que enriquezca tu vida y la de quienes te rodean.

Identificando Amenazas y Riesgos

Identificar amenazas y riesgos es una habilidad esencial para cualquier persona que ha alcanzado un nivel significativo de éxito financiero. Tener una gran fortuna no solo abre puertas a oportunidades, sino que también te expone a una serie de peligros que, si no se manejan correctamente, pueden comprometer tu patrimonio, tu tranquilidad y hasta tu legado. Este capítulo tiene como objetivo ayudarte a entender cómo identificar estas amenazas y cómo protegerte de ellas, utilizando estrategias claras y efectivas.

El primer paso para identificar riesgos es aceptar que nadie, sin importar cuán preparado esté, está completamente a salvo. La idea de que una gran cuenta bancaria es un escudo contra todos los problemas es una ilusión. Los riesgos pueden venir de muchas direcciones: decisiones financieras mal informadas, estafas, fluctuaciones económicas, cambios en la legislación fiscal, problemas familiares, entre otros. Ignorar estas posibilidades solo te deja vulnerable. En lugar de ver los riesgos como algo negativo, míralos como una oportunidad para ser proactivo y proteger lo que con tanto esfuerzo has construido.

Una de las amenazas más comunes y subestimadas es la falta de diversificación en tus inversiones. Si colocas la mayor parte de tu dinero en un solo tipo de activo, como bienes raíces o acciones de una sola empresa, estás exponiendo tu fortuna a riesgos significativos. Por ejemplo, si la industria en la que has invertido experimenta una crisis, puedes perder una parte considerable de tu patrimonio. Diversificar no solo entre sectores, sino también geográficamente, reduce considerablemente este riesgo. La clave es analizar constantemente tu portafolio y ajustarlo para equilibrar las oportunidades con los posibles peligros.

Otro riesgo importante proviene de la sobreexposición. Muchas personas exitosas se convierten en figuras públicas, ya sea por decisión propia o por el interés de los medios. Esta visibilidad puede atraer atención no deseada de personas con intenciones maliciosas, como estafadores, oportunistas y hasta posibles litigantes que ven tu riqueza como una oportunidad para aprovecharse. Aquí es donde la discreción se convierte en una herramienta vital. No es necesario ocultarte, pero sí ser consciente de la información que compartes y con quién lo haces.

El entorno legal y fiscal también puede representar una amenaza significativa. Las leyes y regulaciones cambian constantemente, y lo que hoy parece una estructura financiera sólida puede volverse vulnerable debido a modificaciones en las políticas fiscales o legales de tu país. Mantener un equipo de abogados y contadores especializados que estén siempre actualizados es fundamental para anticiparte a estos cambios y minimizar su impacto. No se trata solo de cumplir con la ley, sino de entenderla y usarla a tu favor.

Los riesgos emocionales y personales no deben subestimarse. Una de las mayores amenazas para cualquier persona adinerada es el mal manejo de las emociones, como la confianza excesiva, el miedo o incluso la avaricia. Estas emociones pueden llevarte a tomar decisiones precipitadas, como inversiones impulsivas, negocios riesgosos o gastos innecesarios. Reconocer cuándo tus emociones están influyendo en tus decisiones financieras es un paso importante para mantener el control. Hablar con un mentor o un asesor en momentos de incertidumbre puede ayudarte a tomar decisiones más objetivas.

Las relaciones familiares también pueden ser un área llena de riesgos. Los desacuerdos sobre la distribución de la riqueza, el manejo de negocios familiares o incluso las expectativas de apoyo financiero pueden generar tensiones graves. La clave para minimizar estos riesgos es la comunicación abierta y transparente. Establecer un plan claro para la herencia y el manejo de los activos familiares, preferiblemente con la ayuda de un mediador o asesor, puede prevenir conflictos antes de que surjan. Además, es importante que cada miembro de la familia entienda su rol y sus responsabilidades dentro de la gestión del patrimonio.

El fraude es otra amenaza constante. A medida que tu riqueza crece, también aumenta la probabilidad de que te conviertas en un objetivo para estafadores. Estos pueden presentarse en forma de inversiones demasiado buenas para ser verdad, ofertas de negocios dudosas o incluso fraudes internos dentro de tu propia organización. La mejor defensa contra esto es la diligencia debida. Antes de comprometerte con cualquier proyecto o inversión, realiza una investigación exhaustiva y consulta con expertos. Además, implementar auditorías regulares en tus empresas y activos personales puede ayudarte a detectar problemas antes de que se vuelvan graves.

Finalmente, las crisis globales, como pandemias, guerras o recesiones económicas, son amenazas que nadie puede predecir con precisión, pero que pueden tener un impacto devastador. Estas situaciones destacan la importancia de contar con un fondo de emergencia y estrategias de contingencia. Esto incluye tener activos líquidos, diversificar tus inversiones en mercados internacionales y mantener líneas abiertas de comunicación con tus asesores financieros para ajustar tu estrategia rápidamente si las circunstancias lo requieren.

Identificar amenazas y riesgos no significa vivir con miedo, sino con preparación. Cada riesgo que enfrentas tiene una solución o una manera de mitigarlo, siempre y cuando lo reconozcas a tiempo. Con una visión clara, el apoyo adecuado y una disposición constante para aprender y adaptarte, puedes proteger tu fortuna de manera efectiva. Tu riqueza no debe ser una fuente de preocupación, sino una herramienta que te permita vivir plenamente y construir un legado duradero. La clave está en estar siempre alerta y tomar decisiones informadas para enfrentar cualquier desafío que se presente en tu camino.

Cuidando tu Bienestar Emocional y Financiero

Cuidar tu bienestar emocional y financiero es fundamental para disfrutar plenamente de tu éxito y mantener un equilibrio en tu vida. Tener dinero no garantiza felicidad ni tranquilidad si no estás emocionalmente en paz y no gestionas tus finanzas de manera saludable. Este capítulo tiene como objetivo ayudarte a comprender la relación entre tus emociones y tu dinero, y cómo fortalecer ambas áreas para vivir una vida más equilibrada y satisfactoria.

El bienestar emocional y el financiero están más conectados de lo que muchas personas piensan. El dinero puede ser una fuente de estrés si no se maneja adecuadamente. Por ejemplo, el temor a perderlo, el peso de las responsabilidades que conlleva o las expectativas de otros pueden generar una carga emocional significativa. Por otro lado, un estado emocional inestable puede llevarte a tomar decisiones financieras impulsivas, como gastos excesivos o inversiones mal calculadas. Por eso, cuidar ambas áreas simultáneamente es clave para mantener una vida armoniosa.

El primer paso para cuidar tu bienestar emocional es reconocer cómo te sientes respecto a tu riqueza. Muchas personas que alcanzan un alto nivel financiero experimentan emociones como la culpa, el miedo o la ansiedad. La culpa puede surgir si sientes que tienes más de lo que necesitas mientras otros luchan por sobrevivir. El miedo puede aparecer ante la posibilidad de perder lo que has ganado. La ansiedad puede invadirte cuando intentas cumplir con las expectativas de otros o mantener un estilo de vida que parece obligatorio. Reconocer estas emociones es el primer paso para manejarlas.

Es fundamental establecer límites claros en cómo y cuánto de tu riqueza permites que afecte tu vida personal. No necesitas decir sí a todas las solicitudes de ayuda financiera ni comprometerte con proyectos que no resuenen contigo solo por sentirte obligado. Aprende a decir no de manera respetuosa pero firme. Esto no solo protege tu dinero, sino también tu salud emocional. Recuerda que tu tiempo y tu energía son recursos igual de valiosos que tu dinero, y deben usarse con sabiduría.

Otra manera de cuidar tu bienestar emocional es encontrar un propósito más profundo para tu riqueza. El dinero por sí solo no da sentido a la vida. Reflexiona sobre cómo puedes usar tu fortuna para mejorar tu vida y la de quienes te rodean de una manera que te haga sentir pleno. Esto puede incluir apoyar causas que te apasionen, invertir en proyectos que tengan un impacto positivo o simplemente crear experiencias significativas para ti y tus seres queridos. Cuando tu dinero está alineado con tus valores, se convierte en una fuente de satisfacción en lugar de estrés.

En cuanto al bienestar financiero, la clave es desarrollar hábitos saludables y sostenibles. Esto comienza con un plan financiero claro y bien estructurado. Aunque ya tengas riqueza, es importante asignar un presupuesto que te permita disfrutar de tu dinero sin poner en riesgo tu patrimonio. Establece categorías para tus gastos, tus ahorros y tus inversiones, y asegúrate de revisar tu plan regularmente para ajustarlo según sea necesario. Un plan financiero sólido no solo protege tu dinero, sino que también reduce la incertidumbre y la ansiedad asociada con su manejo.

Además, la educación financiera continua es esencial. El mundo de las finanzas está en constante cambio, y lo que funcionaba hace diez años puede no ser relevante hoy. Aprende sobre nuevas tendencias, tecnologías y estrategias que puedan ayudarte a mantener y hacer crecer tu patrimonio. Consulta con expertos en el tema y no tengas miedo de hacer preguntas o buscar asesoramiento profesional. Estar bien informado te da una mayor confianza en tus decisiones y reduce el estrés asociado con la gestión de tu riqueza.

También es importante establecer un equilibrio entre el trabajo y la vida personal. Muchas personas adineradas caen en la trampa de trabajar constantemente para mantener su riqueza, descuidando su salud emocional y sus relaciones personales. Dedica tiempo a actividades que disfrutes, pasa tiempo con tus seres queridos y prioriza tu bienestar físico. Una vida equilibrada no solo es más satisfactoria, sino que también te permite tomar mejores decisiones financieras, ya que no estás actuando desde el agotamiento o el estrés.

Por último, busca apoyo emocional cuando lo necesites. Hablar con un terapeuta, un coach de vida o incluso un amigo de confianza puede ayudarte a procesar tus emociones y enfrentar los desafíos de manejar una gran riqueza. Tener a alguien con quien compartir tus preocupaciones y tus triunfos puede aliviar la carga emocional y darte una perspectiva más clara.

El bienestar emocional y financiero no se logra de la noche a la mañana. Es un proceso continuo que requiere atención y cuidado. Sin embargo, invertir en ambas áreas te permitirá disfrutar de los frutos de tu trabajo de una manera más plena y satisfactoria. Recuerda que la riqueza no es solo una cifra en tu cuenta bancaria, sino una herramienta para construir una vida que realmente valga la pena vivir. Al cuidar tus emociones y tu dinero, te estás cuidando a ti mismo y asegurando que tu éxito sea verdaderamente completo.

9 798230 744191